芷蘭齋藏稿鈔校本叢刊之八

靈棋經

國家圖書館出版社

出版說明

《靈棋經》二卷，晉顔幼明注，明劉基補注，清知不足齋鈔本，鮑廷博批校，一函二冊。是書現爲藏書家韋力先生芷蘭齋所藏。著録於國家圖書館出版社出版之《芷蘭齋書跋初集》。

《靈棋經》爲中國古代著名占卜之書。占卜之時以十二枚棋子爲具，抛擲成卦，據書中繇辭及注解卜吉凶，據傳極爲靈驗。

此次影印出版之書所依底本爲鮑廷博知不足齋黑格鈔本，半葉十行，黑口，版心下刻『知不足齋叢書』字樣。鮑氏爲清中期著名藏書家、校勘家及刻書家。校勘大家顧廣圻曾贊其『收儲特富，鑒裁甚精。壯歲多獲兩浙故藏書家舊物，偶聞他處有奇文秘冊，或不能得，則勤勤假鈔厥副，數十年無懈倦』。此《靈棋經》，鮑氏特以專用稿紙鈔録，且予以句讀批校，然其所刊《知不足齋叢書》未收此書，故此本僅以鈔本流傳。

影印本除影印原書外，附芷蘭齋主韋力先生長跋一篇。該文曾收録於《芷蘭齋書跋初集》，由書家寄盦先生代録，既示此書遞藏，兼使當世考證研究爲讀者所知。本書爲《芷蘭齋藏稿鈔校本叢刊》第八種。

國家圖書館出版社

二〇一五年十二月

序

靈棋準易而作者也昔者聖人作易以前民用頤其道奧而難知故作靈棋十二以象之棋之數一百二十四卦雖不足以盡易之蘊然非精於易者又烏能為之哉其
以三為經四為緯三以上為天中為人下為地也
為臣下為民四以一為少陽三為太陽二為
陰少陽與少陰為偶而太陽與太陰為敵但
而爭其常也或失其道而偶反為仇或得其
用其變也陽多則道同而相助陰多則志異而
子小人之所以分也陰陽迭用體有不同而名道

又變易之理也易之取象曰車曰馬曰桶曰矢曰鬼曰狐之類推而達之天下物莫不包也曰馬矣而以為龍曰水矣而以為雨變易之義非通天下之賾者不識也靈棋之理無不包故曰非精于易者不能也余每喜其占之驗而病解者之不能盡作者之旨也故為中其意而為之言若夫以為黄石公之授張留侯之傳則史氏無其實予不敢從而附會之也辛丑夏五月甲子栝蒼劉基伯温甫書

序

唐會昌九年秋九月尚書司門員外李遠撰

靈棊經者不知其所起或云漢留侯張良受於黃石公能知未然事以占用兵出行萬不失一至漢武帝時東方朔以射覆之奇中用此書也予聞之久矣以其非經史之書不以留意開成末予將適閩或有言建溪石門而水激舟子孫立兀尼雖有賁勇皆汗且慄況余之懦引頗不自觧及至泗上遇宗兄安因以人言告安曰予聞建溪不至若此蓋談之者過也安有卜書可決其惑遂請卜之其詞曰上下俱安心不生妬坦然無憂勿信流言安咲曰果流言

之不足信也安即授予余入閩恬然無事因異其書又取决他疑無不瞭若目覩嗟乎世之所輕未必非寶世之所重未必即為寶也一徧之書後顯前疑而況他乎余觀其術以十二棊子分為上中下各四一擲而成卦卦各有詞考書批詞盡得理意其詞猶易也上為天中為人下為地三才之象也棊布卦成名曰靈棊後於福州從事居多暇日為之叅較去謬存真以便後之覽者余在閩時以其他鄉玄國萬里水陸綿邈心不自安一日卜之得天衢坦然之卦其言甚吉頗以為信距數月忽奉除書召為御史則此書不其神乎

祭靈棋儀

以正月初七人日齋戒沐浴於水邊用淨席布地設酒果及脯三奠行禮讀祝祭之每月七日亦可

祝文

維年月日甲子朔某鄉貫姓名致祭於

四孟諸神四仲諸神四季諸神上啓

天地父母太上元君左日右月五星北斗二十八宿四時五行六甲陰陽明堂歲德天十二神地十二祇歲月日時值事功曹曰天地定位人極肇立爰有卜筮以袪世惑維此靈棋匪蓍匪龜吉凶孔昭啓彼隱機眇予小子不腆菲德動靜云為是依是則挹彼清泉觴豆具儀我忱既宣神其格思尚饗

占儀

凡占先須冠帶焚香寧神定志乃捧棋子祝曰天清地寧河圖秉靈名香一炷十方肅清發鼓三通萬神咸聽天地合德日月合明四時合序鬼神合靈皇天無私惟德是輔茲以某年月日 鄉貫姓名某謹爇香上啓天地父母太上元君日月五星北斗二十八宿四時五行六甲陰陽明堂歲德天十二神地十二示歲月日時值事功曹某蓋為某事心有所願意有所疑沈吟猶豫請為决之吉當言吉凶當言凶得失是非惟卦是推恭望聖慈明彰響應唵吽吽哮呢噠哩吽吒敕一氣念三徧 即以十二棋子一齊擲之依所得上中下成卦不可再擲占訖送神辭曰向來奉請即叩靈棋已沐感孚今當奉送願返雲霞之旆請迴霄漢之宮來時留恩去時降福凡有占禱一如故事

靈棋造法

用霹靂木或梓木、棗木、檀木為棋子十二枚、形負周一寸二分、厚三分、四書上字、四書中字、四書下字、以甲子日旋子、甲戌日書字、甲申日刻字、甲午日填硃、甲辰日入匵、甲寅日致祭、六戊日不占、

上中下三爻全者六十四課即周易六十四卦也

不備卦凡六十　　無象卦一課

靈棋經上卷之上

晉駕部郎中顔幼明注
宋御史中丞何承天注
元廬山陳師凱焠才解
明青田劉基伯温補注

一上一中一下　大通卦升騰之象純陽得令乾天西北

象曰從小至大無有顛沛自下升高遂至富豪宜出遠行不利伏㲋

顔注以小慕大可至富豪若居大慕小則有危亾天地既位聖人參之經綸草昧開元造始故曰自下升高也立功刱制無所不善不可密計陰謀不宜老疾婚姻難合純陽故也占行人未歸繫者得出市賈有利

何注仕宦高遷宜顯不宜隱病者不宜住暗處宜出外避之吉口舌無居家守恒行師吉戰鬥勝孕生男田蠶漁獵大獲吉利

陳解一氣之始三才之端純陽至健進進不已與乾合體故曰云云即元亨也

劉解從小至大陽始生也三人同心宜游行也不利伏㲋其道光明也此課三位俱陽少陽漸長故

為自小至大自下升高之象占者得之剏事立業求名覓利皆吉訟者宜公道求直行人吉而未歸不可為陰謀詭秘之事病者出外避之吉

詩曰變豹文成彩乘龍福自臻赤身承富貴事事可更新

一上一中二下　漸泰卦 待時之象 陰正得位巽風東南

象曰安居布業治產有入既富且貴福祿永及

頴注安心定志以待歲時則皆吉若速望則不諧陰位既正地道斯得人事居業之象也求官覓財經營田蠶並吉婚姻先難後易行人當至居家平善官事

不成因繫者用力乃釋

何注遠行者當至孕生男官事因繫過赦而免病者不死凡事皆吉

陳解天人皆陽地道柔美陰未至盛上下相應故曰云云

劉解安居治產剛柔得也不頗乎外寔受福也此課二陽在上一陰居下三才之位皆得故為既富且貴之象宜保守而不可有無厭之求則吉家宅婚姻成官事無撓行人未歸求官已得而未治事閒憂不憂病雖未痊而無害

詩曰好客臨門户金雞燿日鮮陰陽恰相助獨跨彩鸞歸

一上一中三下　吉慶卦富昌之象純陽有位乾天西北

象曰巍巍共共家有金帛物備事辦不求自獲

顔注既有金帛不須求也居家吉行人未歸天生萬物其理殊盛不假經營自然成辦此卦純陽婚姻不諧囚者無罪田蠶皆利餘事咸吉

何注行人欲至孕生易市賈有利官事遇赦捕盜必獲

陳解三位俱陽下位獨盛地道充實之象上下無

虧故曰云云

劉解巍巍共共純乎陽也家有金帛地道充也物備事辦勢盛强也不求自獲寔蓄昌也此課三陽而下位盛地道產物故金帛盈而物事辦盛陽根於下少陽興于上如木本盛而實蓄故有不求自獲之象占者得之凡事皆吉治產家利戰功大捷捕亡必獲惟占訟則費財而勝占病則凶伏逃則不能遠

詩曰貴人籍籍向門前户内多逢喜氣駢利祿天然成富貴平生物理盡周全

一上一中四下　富盛卦通太之象陰盛得位巽風東南

象曰富盛貴極天道反側隨運上下與時消息子〻孫〻以萬以億

頴注凡居富貴不忘貧賤則名留于後若不能謹退必致傾覆行人在遠久而始還又曰自二之四地道再成富貴之理於斯為極居滿必虧居高必危故云反側若消息盈虛不逆時運必能保身全名澤被子孫此卦宜謙退囚者難出望人少遲行者未至

何注病者瘥遲宜祭天神求福嫁娶吉積財不宜貪加遠行者不宜更進口舌官事宜求執法者解之

陳解二陽在上陰盛于下地道盈滿不犯於上故曰云〻

劉解富盛貴極家業成也隨運上下以保盈也子子孫〻不宜爭也此課二陽在上老陰居下上下得位有位有物富貴盛極無以復加之象故宜隨運從時知足無妄則可保其已成而子〻孫〻纘守之而無失矣占婚姻吉求官覓財望事皆已得遂不可過望行者止吉官事求和復則有悔病將愈戰功不宜妄躁見可則止吉求人不信凡事極則反已吉則有凶已凶則吉也

詩曰輕舟迎浪去如飛百事营求正及時更與貴人同道路從茲百福自追隨

一上二中一下　樂道卦（驚喜之象）易剛会柔離火正南

象曰外剛内柔和合自周養性保命與神俱游

頴注所求乖越養德保身而已病者未瘥宜祭求福行人未還仕宦不進官事不成因繫難出

何注嫁娶吉孕生男市賈有利軍行大吉又曰陰處陽位故外剛也不宜强進宜保生養命自頤之象

陳解上下皆陽人道陰弱不能有為有懷柔養性之象然陰處陽位且驚且喜故曰云云

劉解外剛内柔宜与人同也好謀慎事以保全其躬也與神俱游亦不凶也此課一陰居二陽之中故為外剛内柔之象陰處陽位不宜有為故當和同周慎以保守則吉占病有祟祀禱吉訟不成嫁娶市賈吉出軍不戰因繫難出閒事多虚

詩曰兩人和合見懽情求望营謀事可成縱有青蛇相擾亂到頭不害利和名

一上二中二下　驚怖卦（小危之象）陰極陽孤艮山東北

象曰雄雞晝鳴登屋延頸蝍在墻下為狸所驚疾聲来赴浮兕損傾

頫注凡事初雖狼狽終無他慮百事先破後成行人未至病宜早治又曰上應在初爲中所隔不能相救故致驚也然居高履危終制强禦疾敎來赴得免禍敗雄屬陽雌屬陰雞之賊莫若狸也此卦憂驚官事不成繫因有力乃釋

何注遠行逢賊求官昏姻市賈並不利借覔艱難所求違意田蠶不收每事先憂後喜

陳解陽主安陰主危二陰在中而一陽不足恃復有二陰在下故曰云云

劉解一雄二雌必有爭也剛健在上柔不能凌也順動正應保無傾也此課少陽居尊位而下二陰俱欲從之上與初應而隔於中故取雄雞登屋而雌在下爲狸所驚之象然陽在上位而爲主中陰未盛故卒合而無損傾占事費力先危後安先憂後喜行人歸而中道有阻師行有恐病宜急求醫求官婚姻望事皆爲人所梗必須倚仗有力者先難後獲也

詩曰暗中防陷穽江海起風波回首歡娛處翻成作苦痾

一上二中三下　年豐卦宜田之象　陰去陽來離火正南

為曰正月上午歲在大梁東風解凍宜尒田桑歲終豐稔

歡樂洋〻

穎注所求宜以子午卯酉年月日時則吉然應之稍遲耳非此年月日時則不成占田蚕則無不利又曰陰去陽進之象歲在酉曰大梁讖曰太歲在酉乞漿得酒言其豐也此卦田蠶吉占仕宦未遂居官无憂病者无苦

何注水陸游行昏姻和合大吉行人留滞因緩出

陳解上中二位陰陽相應而三陽在地〻道亢實之象也故曰云〻

劉解天人協和陰從陽也土地豐衍宜田桑也午酉之際利不可當也此課少陽在上而少陰居中從之天人之位得矣而盛陽居於地位上和睦而下豐富故宜田桑正月謂初爻也大梁酉也課躰下三為離〻午也中二為兌〻酉也穎幼明曰太歲在酉乞漿得酒言豐富也占事皆得如意而應在午酉之年月日或酉方也

詩曰欝氣都消盡春來萬物榮田蚕宜尒室耕鑿樂蒼生

一上二中四下　小成卦 慎防之象 陰盛剋陽艮山東北

象曰禍從下興戒慎童僕陰謀潛合欲動手足

頌注陽雖得位羣陰所圖故曰有僮僕陰謀欲為害也宜戒慎左右此卦百事皆憂不至大凶官事成囚繫難出陽弱故也

何注行者遇盜居者憂奴婢為害聚會有口舌求事不遂病者為下人呪咀也

陳解上中二位雖相得而下有四陰過盛人道已弱有羣小相侵之象故曰云云

劉解孤陽在上勢微弱也陰盛於下憂奴婢也此課一陽居上而羣陰在下中位少陰柔弱不能制

下故為禍從下興戒慎僮僕之象占事皆不利此與第六課俱以一陽居上而占不同者彼下位少陰故有從上之志而為中所阻此則老陰勢自恣于下而中不能制猶弱夫幼妻之為家而豪奴悍婢不受其主之命也凶可知矣

詩曰衰谷薪何在家門慮餤殃錢財終有失僮僕也須防

一上三中一下　得志卦自足之象　純陽有位乾天西北

象曰顯然得志與時相值財帛足用不乏驅使

頌注志須既得物又足用復有驅使純陽用事得志

之象也處心在公財用周足韓子曰文王伐崇至黃竹之墟草韈繫解顧左右皆賢無可使者因自結之此君子賢人秉至公之道也

何注仕官祿豐遠行者至病自痊因得出孕生男市賈有利所求大獲

陳解三陽在中人道全成而上下無破之象也故曰云〻

劉解龍德正中大得時也上下協從足以有為也此課盛陽處於中位得志得時而上下少陽同心與之何患財不足用而驅使之乏哉古者得之無求而不可得大吉之課也

詩曰運與時相值雲龍風虎從秉公名器在聲達帝王宮

一上三中二下 事遂卦 將泰之象 陰陽相合巽風東南

象曰昔未遂意今得從志萬事獲理明白行事

顏注始遂其志宜以忠實為本不宜以私為事行人還病者痊三才位正陰陽相睦君子之道於斯為泰還官益壽市賈有利百事皆吉

何注昏姻和合用兵大勝田蚕得利窮者得伸囚者免求事遂遠行至明白行事万事皆得其理

陳解三陽在中人道已盛而上下復相應故曰云云

劉解昔未如意柔在内也陽盛外行時開泰也正直無私其道乃大也此課三才位正陰陽相睦君子之道方亨不宜陰私而宜為正大光明之事占者得之大吉

詩曰兀兀塵埃久待時幽窓寂寞有誰知運逢帶鈎人相顧利遂名成從有期

一上三中三下　才達卦 安吉之象 羣陽下盛乾天西北

象曰濟濟多士令德輝光相見懽喜長樂无殃

禎注陽數彌重故曰多士出身以才當有貴人相助歲暮方得其力非止一時也病者瘥行人還百事吉士欲見王侯及求名譽彌善

何注求官得行人至市賈田蠶有利嫁娶吉病者瘥官事不成此卦大吉

陳解三陽道盛可以有為而地道亦得盛陽充實所處皆安故曰云云

劉解濟濟多士以從上也相見懽喜往有尚也此課一陽正位於上而中下皆三陽猶人君有剛明之德而衆賢從之也庶人得之則為貴人良朋相

助之象占求官見貴昏姻市賈皆大吉用兵得賢
人求事當獲人助吉
詩曰貴人相暗助藏用得相宜莫訴花枝小須知結
果遲
一上三中四下　遨游卦行樂之象陰陽得位巽風東南
象曰乘龍駕驟遨游四方懽心適意行樂無疆
顏注從其心意東西南北而已凡事無所不成行人
未至病者痊易曰時乘六龍以御天又曰牝馬地類
行地無疆
何注捕盜及失物皆得孕生男市賈有利求昏自合

田蚕稱意囚者無憂百事皆濟
陳解上中皆陽下有四陰陰陽相得況人道全盛
足以御羣陰故曰云云
劉解乘龍駕驟下順承也遨游四方莫我敢膺也
此課一陽居於上而中下皆當三陽為龍四　為
驟各得其所以為我用宜其遨游四方而行樂無
疆矣占者得之大宜進取惟問行人則未歸而在
外亦得意也
詩曰獨上高樓憶昔游月明如晝水東流當年有約
應重省一笑相逢樂未休

一上四中一下　憂患卦孤立之象　二陽隔陰離火正南

象曰上單下孤為奸所圖心腹之疾不可卒除待至陽春乃得自如

顔注常懷恐怖慮有憂患喜得貴人救護終可無咎病者二三月方瘥二陽隔于重陰不可救護猶奸臣竊政先及小人此憂患之象凡事小吉行者迷危

何注治産不吉為賊所謀病者瘥遲因未出用事遲滯此卦徵凶

陳解四陰在中人道虚弱之極上下微陽不能扶助故曰云云

劉解上單下孤陰盛于中也小人間阻志不通也守正待時可保終也此課上下皆一陽而四陰居中間之小人用比正道不通之象占事皆有阻隔不利宜以正自守庶免於禍此与第五課相似而占不同者彼以少陰居中有比於陽之志故為和合自周之象此卦四陰朋比其勢衆盛除之甚難故待陽月我之助至以解厄也

詩曰成立未安身驚憂常在心幾回遭陰阻何日遇知音

一上四中二下　慎德卦禦厄之象　極陰反位艮山東北

象曰天地寬舒小人自如禁令不行盜瞷我廬

頌注羣陰方盛孤陽不生小人道長君子道消當失財物家長憂病至秋方瘥此卦大宜執正不宜求事行人無期追捕不獲

何注病者未愈服藥無益官事不輕求財利薄居家慎防盜賊此卦凶

陳解四陰在中二陰在下一陽不能制此小人得志之時也故曰云云

劉解天地寬舒法令弛也盜瞰我廬蔽不能視也君子之嗟小人之喜也此課羣陰一陽中位陰盛下本上應而為中所阻反為中比是君子之室為盜所據也占者宜防盜賊居家治產市賈求官用兵出行事事皆凶惟遁遁伏竄則吉

詩曰羣凶弥六合日月蔽風塵脩德從今省猶難免禍迍

一上四中三下　行令卦（破賊之象）陰居中位離火正南

象曰君命師士討除奸宄尋戈張戟大有所從

頌注宜為人驅使亦宜驅使人若自專必敗病者有鬼宜袪除之行人未回急宜取之吉占討賊捕亡必尅在內為奸在外為凶此卦宜征伐逋亡必大勝市

貢有利求官亦得田蚕婚姻並吉

何注王者除兇必有所驅官事得解百事無兇

陳解四陰在中盜賊縱横之時也然三陽在下足以安衆有師出討罪之象故曰云云

劉解陰奸在中欲間正也君命討之兵力盛也尋戈張戟以伐奸也此課一陽正位于上而三陽盛發于下四陰居中雖欲間阻而二陽合德陰慝已露故有君命師士討除奸兇之象占出征捕亡大勝病者療之即愈訟者理之即勝行人無恙間阻可通凡事皆吉

詩曰射麃一時興須憑衆力成蜡桃今已熟舉日始亨榮　麃走衆相馳功名在此時奸雄今已矣四海洽雍熙

一上四中四下　將損卦戰敗之爲陰極克陽艮山東北

象曰豺虎咆哮淋漓雨水戰鬥不勝弱兵鈍士爲寇所凌多有死亡

穎注克彼益此皆非其理凡事皆難行人當還中路恐怖不宜討賊陰氣愈壯君道日微豺虎外寇四面交通敵難剋也

何注方伯防邊必被賊盜縱在高陸横遭洪水病者

困重囚者堅固争訟用師市賈求官田蚕百事不利

此損兵之卦也

陳解陰類大興禽獸盜賊交為民害一陽不能制

必見傾敗故曰云云

劉解豺咤水滛陽道孤也大奸協比危不可扶也

此課一陽栖于積陰之上故有豺虎咆哮雨水淋

漓之象占事無所不凶用兵家忌惟大旱求雨必

得所用也

詩曰射雉終難獲懷珍未得財徒求昇進望足步動

危灾　勢微防敵寇失道致灾危人事皆如此天時

未順機

二上一中一下　神護卦神假之象　陰居陽位兊澤正西

象曰太乙将兵玉女在旁巫咸先祓除去不祥

頌注家長有病有一女鬼作祟宜祓除之凡事多阻

行人因此不還天神尊者有太乙玉女巫咸為之佐

巫咸殷賢臣此卦祈禱獲福求官望事市賈昏姻不

利

何注行人應至口舌無苦官事終無患合得人力宜

求福除禍所作得成

陳解二本陰數反居天位天神之象也下應一中

陳解 三本陰數又居天位天神之象也下應一中
未詳除過所作得成
阿注 行入應五中吉無害宜事存無危合得入乃宜
利
五成數皆良以對行禧禮福未宜定東市實各回本
行入四以不遠天神尊者有太乙王五亞成之位
顧注 家奏有為有一女西作樂宜族傳之已事多亂
象曰天乙將兵主其在象亞成孔救除表不祥
二五一中一下 神從就 二神 居陰居陽位沉誅已成
外須機
究 發微防微隔失道發究元入事皆和成天時
諸曰 自然將籌權防懷德未得與往末并進運宜事動
語所用也
論兵象五事無不為用兵宜急誰大早求兩必
外課一陰抑于積陰之上故有斜章定象而水潛
劉解 斜沉水淹陽道亦也大好樞可危不可林也
也見用城數口云
陳解 陰須大與合激遊城火於民害一陽不能制
外須其之針也
明重四害望回爭訟用師市賈求官四象首事不利

一下必得天神之福故曰云云

劉解太乙將兵除不祥也陽至陰孤妖不長也此課陰雖居上而二陽得用于下有同心去邪之勢而上陰反為我用故取太乙將兵之兆玉女在傍巫咸先祓之象占事雖有疑難而終得用友之助以成功病者禳之即瘥行人還戰鬬勝

詩曰雲淡蟾光暗花開雨半殘解除終獲福恬退且求安

二上一中二下　將敗卦淫蠱之象兩陰制陽坎水正北

象曰兩女一夫上下相袪陰氣乘陽遂用耗虛

穎注男女相克初婚後離行人雖還在路逢盜外非玉女内乖太乙以一陽而受制於二陰虛耗之象病者重

何注所求無益所作未諧行人未至田蠶失望官事難解百事大凶

陳解人道孤弱上下二陰皆欲進之兩女一夫淫慝之象微陽不勝故曰云云

劉解兩女一夫陽陷于陰也元精御神以從淫也遂用耗虛憂陸沉也此課一陽陷于二陰之中陰陽皆必溺于求合而陽不振為陰所乘必至耗虛

一下必詳天神之福故曰六也

〔劉註〕太乙將兵隊不祥也陽星會儀所敗不安也

課陰儀陽居上而二陽得用于下有同心未罪之發

而下陰在太乙將兵之北王者在陰

乘威先於三陰中而雖有疑難而作治西在以助

以成功語者藏之印象行入遁門戶

〔需註〕需陽之精而陰年敘降所防指漫回

求

二五一中二下　將敗勢小註而陰制陽於于已也

陰日而女一夫互下相持險氣乘陽遁田耗遠

〔劉註〕曰女相免和合遂翻行入雜遂在論違好非

主夫為乘大乙以一陽而臨制于二陰陽然以陰福

者也

〔何註〕所未無遁所作未謀行入未曾日聽於事

雜離百事大也

〔陳註〕入遁所須上下二陰留際遁之而女一夫違

遁三緊陽不聽說曰六

〔劉註〕而女一夫陽陷于陰也元精中陰以漸德也

遁用耗原陵況見與謀一陽陷于二陰之中陰

陽合六儀于未合而陽不祿志所樂之弦耗遇

占事得之皆凶

詩曰孤陽微兮羣陰盛兮力既殫兮將不可髦兮慎子慎兮宜自保兮

二上一中三下　理亂卦　抑奸之象　陰窮陽位兌澤正西

象曰天陰雲升陽從下興君子治亂小人畏懲

頌注陰窮陽位如雲之升盛陽在下將登九五除逆禁暴衆邪自消小懲大戒此卦臨人宰制及長吏得之家佳百事先憂後吉

何注所求不得所作不成執政治亂小人畏罪病者未瘥行人雖還無利有譏

陳解二陰在上盛陽在下交泰之象也三居地位小人無所容於世故曰云云

劉解天陰雲升龍躍淵也以正去邪如決川也此課陰陽雖不得其位而一陽居中三陽在下有君子治亂以剛決柔之象占臨政治民捕亡討叛皆吉訟以正勝不宜陰私君子得之大吉小人反是

詩曰黃金百鍊獨全眞白玉三投始見珍韞匵未為人所羨自甘肥遯且安貧

二上一中四下　未還卦　流竄之象　羣陰制陽坎水正北

爲曰田蕪土虛人民遷居待年之豐仍歸故廬

穎注此卦陰興至極陽不能制田蒐人散豐年乃歸病者瘥遲田蚕不利

何注仕官無祿行人未還田蚕失利此卦雖不吉不能傷人須安貧守静作福自吉

陳解二陰在上四陰在下一陽孤弱地道虗損有兇年轉徙之象故曰云云

劉解田蒐土虗不可據也小人畏欲終不相与也守正以俟必獲我所也此課陽陷于陰而下位陰盛故為田蒐土虗人民逃散之象然下陰已老不相求合小人得志既極必衰而少陰之在上者反與我比所以終歸舊廬占事必有阻滞守静待時則吉

詩曰口舌致紛攘经營事必傷若求陰德助方可免災殃

二上二中一下　戒貪卦神耗之象　二陰反位震雷正東為曰埋金藏玉自言其貴鬼債不解神不降福

穎注以陽居下為陰所困故曰埋金藏玉然自言貴極神不祐之病者有鬼宜急祈禱官事求人乃濟

何注居官貪財必致殃咎雖有財寶必憂盜賊病者未瘥行人未歸囚者雖出田蚕不收出師不利為鬼

所執言其完也此卦宜改過脩德方免

陳解陽居地位金玉之質也与二相應貪之不已然天位亦陰不能為福天道虧盈鬼神害盈故曰云〻

劉解埋金藏玉陽在下也鬼道上行福不可假也此課孤陽抑于二陰之下不能有為而二陰在上又柔懦無力故無福而有憂也占者當以貪求

詩曰恃富因忘本過貪竟失中欺心天弗佑神道不私功

二上二中二下　安泰卦賁困之蹇純陰不動坤地西南

蹇曰歲富月昌土田開張安如泰山終無虧缺

頌注廣闢田疇以俟歲周用天分地終无禍尤其安不動有如泰山也居家吉田蚕大獲病者無苦行人未還

何注居官食祿財帛自來軍行得地孕者生男有學問此卦大吉利

陳解三位皆陰不至盛極無偏勝相剋之象有順樂受福之理故曰云〻与一上一中一下相對皆初陰初陽純和無克故皆吉

劉解歲月富昌衆志同也柔順利貞福無窮也安

如泰山，有始終也。此課三位俱陰，得其中正，有安居處順，不顧乎外之象，故有吉無咎。占家宅、田蚕，居官、市賈，諸事皆大吉。征戰得地。病者不治自瘥。公訟无咎。行人未還。

詩曰：一片平原土，春深雨露多。用天同地利，安業樂熙和。

二上二中三下　昌吉卦　福興之象　陰陽純吉，震雷正東。

象曰：受天之福，如日之升。少小仕宦，福祿方興。

頌注：居家求財吉。行人未還。病者宜禱祀。盛陽發動，如日之升。此近於純吉。宜出行，不宜幽居及竄伏市賈奴婢，難得遂意。餘並大吉。

何注：所作高遠，必遂其志。病者無苦。軍行獲勝。凡事不宜陰私。

陳解：陰上陽下，交泰之為。而地道陽盛，上位二陰為天人相應，合福祿盈滿之象也。故曰云云。

劉解：陽盛下興，剛決柔也。進德修業，承天休也。此課二陰居上，盛陽居下，進而上行，如日之　象也。占求官仕進，大吉。

詩曰：命達風雲會，身依日月光。祥烟浮寶殿，明月照金床。

二上二中四下　亨通卦　豐財之象　純陰得位，坤地西南。

彖曰：富如井泉，雖用無竭，所求遂意，歡樂不絶。

顔注：易之坤，厚載物，德合無疆，三位皆陰，乃無相剋，万事皆吉。居家有慶喜之事，行人即還，財如井泉，用之不竭，所求者得，歡忻無比，病者先後瘥。

何注：仕宦高遷，治生富贍，田蚕倍收，吉祥歡樂，病者自瘥，囚者得出，婚姻利合。此卦大吉。

陳解：三位皆陰而盛，有積富貴之資，用之不竭，如泉之達。

劉解：富如井泉，獲地利也。柔順上行，求無不遂也。

此課下位盛陰，与上不相違剋，故為土地肥饒之象。二陰柔順在上，不妄動作而安其利，此所以為吉也。占者求事皆吉。

詩曰：曉雨初晴映碧溪，重重春色上柴扉，黄金不盡家殷富，何必區區羨錦衣。

二上三中一下　憂喜卦　餘慶之象　陰居天位，兑澤正西。

彖曰：心有所憂，耿耿不寐，恐有禍患，而反福至，慶賀忻悦，大為我利。

顔注：初雖有憂，終則有喜。陰居天位，非所據也，故雖有憂，而三陽同契，不能為害。此卦先小憂而後大吉。

故無咎也

何注口舌無成行人當至昏姻市賈先難後易病者初困後瘥官事始憂終吉失物難求

陳解三陽居中人道本盛上有二陰自与下位一陽相應中位與上下不通故先有所憂也然三陽之盛二不能間終當得志故曰云云

劉解以陰尚陽位不當也慮患而獲福以剛中也此課陰居上而陽居下不得其位之象然少陽在下盛陽處中陰弱不能制剛初雖有疑終得吉慶凡事始憂而終吉憂虛而吉實也

詩曰孰知成立若升天老去多憂夜不眠忽見故園春色好飛飛蜂蝶鬥芳妍

二上三中二下　平安卦決疑之象陰居上下坎水正北

象曰上下俱安心不生奸坦然無憂勿信流言

頌注心正自吉勿信流言行者至回者出此雖上下俱陰三陽居中初雖主有憂咎各安其所俱无悔吝矣百事自如先憂後吉事君結交弥善

何注娶妻得美女行人在道孕生男病者及見快豈無所苦官事散田蚕收軍行市賈百事吉利

陳解人道方盛上下二陰相應三陽亦自能制之

故曰云〻
劉解上下俱柔以中主也剛正不撓衆所與也此課三陽居中而上下皆陰少陰未盛無乖爭而有和合三陽剛盛陰不能勝故為上下俱安之象有吉无凶也

生涯

詩曰雙燕歸南國来尋王謝家画堂春晝靜於此托生涯

二上三中三下　辟惡卦咸德之象陰弱陽强兑澤正西

蒭曰衆人愛我辟除患禍猛犬不噬万事必果

頴注凡事吉得人助之行人還得財物居家並吉陰

雖居上非正位也羣陽弥盛能除患禍衆皆愛之此卦前二卦皆以窃位而居陽德不虧備之乃吉所憂無若

何注公侯方伯必得良佐娶婦必得良妻病者瘥繫囚出得人救之戰鬥勝孕生男市易有利

陳解人道既盛地道亦盛如有盛之可畏辟除邪慝上雖二陰不能為患故曰云〻

劉解謹光在上衆所愛也羣賢輔助保无害也此課陰居上位而不扶其勢羣陽在下剛正無邪雖猛犬不噬而反為我辟除患厄也占事得衆助有

成功

詩曰一龍吐水正當春草木沾濡盡發新喜得老人親語我窮途從此是通津

二上三中四下　大獲卦利物之象中陽制陰坎水正北

象曰韓盧逐兔走不伸步噬兔在前逐者在後頻頻重獲略不得走

頓注三陽處中能制羣小猶猛犬之噬兔略不得走言不旋踵而獲凡事前小後大此卦宜捕逃亡求財亦豐出獵多獲病者不利

何注居家吉行人遲病者困因者滯官事難解軍行

空回

陳解人道陽盛地道陰盛陰陽相應而又盛積故曰云云

劉解三陽在中剛道盛也小人懷柔不能克也雖欲跳梁終聽命也此課雖以三陽處二陰之間而少陰在上老陰居下老少異欲為剛所制而不能為比故為韓盧逐兔之象占者得之大宜捕亡討賊求財覓利求謀皆吉出行有阻繫囚難脱病者危篤居家无咎凡占求事則成解事則敗也

詩曰世道無荆棘人心勿自嗟趍名並逐利勤苦遂

生涯

二上四中一下　衰微卦 復興之象 弱陽下升震雷正東

彖曰聖賢相承微而復興瓜瓞緜緜漸而上升

頌注事皆乖而復合求者必得百事從心陽雖微弱志在于正自下升高猶瓜瓞之蔓緜緜而上直心從事乃得興微繼絕也此卦主仕宦升遷祈恩福求嗣息皆吉

何注學問成行人至田蚕有獲市易有利娶妻真美仕宦升遷所求遂心病者沉痾求神得吉失物不獲

陳解四陰在中衰弱之象一陽在下善根尚存二陰在上与一陽相應天佑善人之象也故曰云云

劉解陰盛于中極必衰也瓜瓞緜緜陽來復也漸而上升正道回也此課以少陽居羣陰之下孤危甚矣然少陰在上老陰居中志不相合小人盛極必自乖違而少陽方興于下彼日衰而此日盛如瓜瓞之緜緜而升興衰撥亂之兆也占事吉

詩曰梦入天台路登山月倍明不知春色到重見舊花榮

二上四中二下　避災卦 守靜之象 陽散陰極坤地西南

彖曰夏往秋來寒霜為災鳥獸毛毨草木落黃

陳解此經亦前後卦相因而互相發明前卦陰極此則二變為三陽居地位亂極復治之象故曰云云、

劉解陰極變陽剛來在內也蟄蟲出地也、鐘鼓堂ゝ得聲援也此課以三陽決極盛之陰如震雷發蟄君子道長之時占事皆吉用師宜布文德

詩曰陰極方逢泰蟄蟲戶始開三陽將用事名利一齊來、天門日射彩雲開大降洪恩遍九垓万物一時沾聖化蒼生鼓舞醉金罍

二上四中四下　病患卦計窮之象 陰盛成淫坤地西南

象曰陰淫小病僵仆懷愁仰面望天俯伏低頭

頌注所求不得行人有患陰之為疾浸淫而起尚不至極故曰小病然僵仆望天不見救者惟有低頭俛伏而已此卦百事凶惟宜慎密

何注所求可救因者罪成行人迍邅凡事不吉

陳解人道陰弱地道陰極病患貧困之象也上有天神不能救矣故曰云云、

劉解陰盛浸淫愁羅厄也俯伏望天憂轉劇也此課二陰窮于下一陰栖于上是為凶兆占病必死

靈棋經上卷之上至廿八章爲終

因係不出被圍無救諸事皆凶

詩曰命蹇兮時違灾及兮身疲皇天兮不我顧嗟我疾兮斯危

靈棋經上卷之下

三上一中一下　明陽卦（小吉之象）羣陽用事乾天西北

象曰仕官及時祿与年期黽勉從事慎勿失之

顏注仕官及時出處皆宜福祿更至宜謹慎之勿恃懈怠病者瘥遲行人雖還在路有阻去積陰御羣陽重明輝華觀國之光以言爭位百事俱泰其餘外事亦可趣時而進婚姻求官殊吉

何註所求宜取良時病者祈福行人可至囚者求執法可免

陳解盛陽在上照臨下土人道地道皆一陽有進無退利于通達故曰云〻

劉解陽明正位道大亨也君子之仕及時行也此課三陽居於正位而中下皆少陽方外陽道亨通陰邪屏斥仕官行道當及此時占事大宜進步不可失時諸事吉惟不宜陰私

詩曰東風吹動九衢閒和氣還從日下來凡事從今皆有喜乘雲一擧上瑤臺

三上一中二下　天佑卦（特達之象）陰陽相宜巽風東南

象曰登高望遠上見天衢玉女元聖授我靈符永錫難老以保我軀

頖注 得助之象事由女子居家吉利官職榮遷學業大成行人未還必得奇物病者自瘥地位既正天神合德猶升高而視六合且下應乎陰人得其偶神符授我可必而見百歲期頤可坐而登此貴者之卦陰陽得位無相剋傷百事大吉

何注 居官吉娶妻得美女行者道路通病者瘥官事求大臣及田蠶市賈皆吉孕生男

陳解 人道地道陰陽相應三陽在天照臨下土故曰云云

劉解 登高望遠在上處也玉女授符陰相與也卩

正而應獲天祐也此課一陽在中上承剛明之君下應少陰之偶其吉無比

詩曰 席上珍雖貴還當待賈沽運來亨又利凡事不勞圖 彼美人兮君子求兮懿德貞兮錫我休兮永保貞兮勿失猷兮

三上一中三下 尊貴卦 神祐之象 陽明上下乾天西北烏曰明德孔光萬壽無疆北斗七星與我衛防得還祿位代代吉昌

頖注 所求得行人還上下俱陽內外相照非凡庶所宜此尊貴之卦也欲見人君猶事北面

何注仕官遷階學問成就行師得地軍無損傷病者宜禱天神嫁娶相宜市賈有利行人還蚕麦收官事散此卦大吉

陳解人道既正地道陽盛三陽在上臨下富貴壽考之象也故曰尊貴而利于見貴

劉解明德孔光陽道昭也北斗衛防陰慝消也此課求官謀事得貴人之力圖墓宅必得吉地居者有動行者有與此貴人之課凡庶人得之亦有非常之喜也

詩曰車前無險阻舟泛自通津雨露從天降門庭一

一新

三上一中四下　宜禱卦天賁之象積陰剋陽巽風東南

象曰數見怪異要請巫覡祈禱求福災消禍息大小獲安神祇之力

頴注必主見怪凡事初不遂意後皆從心行人當歸必先有信居家者吉以積陰而干極陽猶端居而視怪異也所謂巫覡者應乎上位宜祈禱也能消散禍患豈非神之力乎百事小吉

何注恐有灾厄宜修福禳之或有口舌鬥爭詞訟厄難或惡夢怪異前既後福始難終易吉凶相半惟宜

哉慎脩禳病者祀天神吉昏姻卒合内外有應故也

陳解 一陽在中人道孤弱天三地四自相照應是神祇著見之象也故曰云〻

劉解 數見怪異心有所疑也家有老鬼力不能治也告於神明保無虧也此課陰積在内而上位盛陽故主中位而言占者得之家宅有見怪之事宜禳之病訟亦宜禱求凡事前憂後吉

詩曰 愁到未必堪憂來暗裡防若逢寒共暑方可脱災殃　災異致危傷羣陰却勝陽頻祈天眷祐老稚得安康

三上二中一下　送貨卦 豊利之象 陰獲外陽離火正南

象曰 客從南來遺我良材寶貨珍玩金椀玉杯

頴注 主有人送物來至居家吉行人還得寶及財物以陽處中應乎外陽有用遠來不亦宜乎南者陽位故曰南來寶貨珍玩貴人之資也金椀玉杯良宴之具也

何注 嫁娶吉所求得病者瘥市賈有利官事散行人至此卦大吉

陳解 一与二相應而一陽居地富有之象也三陽在上陽明下照故曰云〻

劉解客從南來剛柔應也金椀玉杯以將敬也此課少陰居中一陽為比于下而感陽得位于上陰以柔順應乎外陽故必得珍貨財之南來南來者上三為離〻南方也金椀玉杯者下一為乾〻為金玉金椀玉杯之象也初者上之應而與中為偶是受客之遺也占者求財婚姻百事大吉

詩曰金谷紛〻花正開羣仙縹緲集瑤臺傾金注玉驚人眼共醉春風日幾回

三上二中二下　無難卦安衆之象　陰不干陽艮山東北

為曰土地平安無有艱難大宜種作利用往還

頴注下位不干於上故曰土地平安播種既宜亦〻有利仕宦外進占病無咎行人平安早晚即至昏姻合居宅吉

何注求者遂心病者輕瘥官事無憂大吉

陳解中下皆陰未至於極地道純美而三陽照臨陰陽和暢豐稔之象故曰云〻

劉注土地平安柔居卑也無有艱難心無疑也上下無奸孰不宜也此課剛陽在上而中下協順故土地平安而無艱難則動止進退俱無所阻矣占事無不吉也

詩曰海闊雲開驛路賒彩鸞啣詔下天涯生民樂業安如堵仕進功名世所誇

三上二中三下　泰和卦之象和睦　陰陽承順離火正南

象曰在上方直下人供職室家和諧大小同力有志不違所求者得

顔注陰居中位承順之象故曰下人供職此卦合得羣下之力所求皆遂

何注昏姻吉利夫婦和合居宅平安行人將至營業田蠶有利孕生男官事無咎軍行大利

陳解人道柔順上下三陽主充實家道力盛之〻人也故曰云〻

劉解陽剛在上方以直也健順相承下供職也家室和諧求無不得也此課居官處家行軍治業昏姻市賈無所不利所求皆得大吉之課也

詩曰喜氣滿門庭家中沒蹇迍貴人青盼處從此轉通津

三上二中四下　違剋卦之象背淚　陰陽違剋艮山東北

象曰下不從上中不制下上下違剋紀綱亂敗

顔注侌道侵長昜道不遏以是乖越故曰亂敗此卦百事兇

何注所求不得所作不成病醫無效軍行有敗行人未還官事相纏牢囚難出如入死門諸事不吉未宜變動正月占得吉餘皆凶

陳解人道柔弱不能制在下之羣小上有三陽而中下陰盛故曰云、

劉解下不從上陰盛行也上下違乱以相凌也紀綱亂敗終不能勝也此課上下相克而柔處中不能制羣小又不能以正從上其勢必致亂敗占者百事皆凶

詩曰逢山須避險遇水且懷憂歸到鄉關日須口口

尾牛

三上三中一下　貞壽卦隱德之象純陽三應乾天西北爲曰商山四皓養性行道呼吸元氣可得不老

頌注此卦雖純陽而以下位爲主近于嘉遁之象可以養其純粹者也萬事以安貞吉惟昏姻不利純陽故也

何注仕官高遷田蠶宜早行人即至官事解病者自瘥市易居家百事大吉利

陳解三居上中二位相應一陽在下不能上進賢人在下之象也無所作爲隱居養壽而已故曰云

云

劉解 商山四皓以明處幽也呼吸元氣可優游也此課重陽居上二位天下文明之時而以一陽居下惟商山四皓可以當此占者得之宜安居守正以享康寧之福不宜進求於人也

詩曰 采蕨滄松絶世塵白雲流水万年春九重丹詔非吾願成性存存獨養真

三上三中二下　剛長卦同心之象陽處陰上巽風東南

象曰二人同心俱爲表裏共處一國遞相唇齒

頴注 此卦得必由人失亦由人不由於己也二陽之處一陰之上陰雖無力陽乃發生合無相剋故下一人同心居家及餘事吉婚姻小昝病者遲瘥行人未歸必有信至

何注 君臣具體朋友同志市賈有利孕生男蚕麦小吉官事有人救援病雖有祟宜療醫也此卦無患大吉

陳解 二陽在上一陰在下上下同心然一陰交二陽必有得失利在和同故曰云云

劉解 二人同心以重剛也柔順處下無所傷也遞相唇齒固藩墻也此課一陰居重陽之下柔順而

无違剋二陽在上同心行事俱為表裏共處一國
之象也唇齒相依不可缺也占君臣夫婦兄弟朋
友交際之事無不吉利不可妄有猜疑居家市賈
大善有讒言不可信
詩曰兩意相投處天時復變通時來萬事遂目下莫
冲〻
三上三中三下　强盛卦 衆輔之象 三陽極盛乾天西北
穎注此卦三位各有三陽可謂盛極故建功立事皆
莫能阻凡事宜直道無私慎勿隨邪則吉
何註此卦旺相孕生男行人立至經營有利田蚕各
收漁獵可獲鎮戍者境内清静居宅安穩病者痊〻
事散市賈有利移徙吉興師獲勝諸事大吉惟不利
昏姻也
陳解三位陽極富强有力略無陰弱以間之故曰
云〻
劉解三陽同德盛復强也建功立事孰能當也此
課三位俱陽剛健盛大富昌之極故宜建功立事
占者得此大宜動用行軍取吉惟占昏姻則不利
以純陽也
詩曰已過危橋百事安何須過慮有艱難蛟龍得意

興雲雨一上青雲使不允

三上三中四下　佳麗卦（宜陰之象）陰位得令巽風東南

象曰青牖繡房中有姬姜容顏發色芝蘭吐芳

顏注陰位興隆事由女人病自瘥所求得純陰在下上應天人質氣鮮香若芝蘭也百事皆泰行人即還昏姻家善萬事皆吉人皆向慕

何注此内貴之卦謀望与訟遇有人力及内貴僧尼道士吉居家出外財利有慶万事皆泰

陳注人道富盛而有盛陰在下以相應此富貴之家婦人寵盛之象也故曰云、

劉解重剛在上陽道光也羣陰下承象姬姜也上尔子孫必蕃昌也此課羣陰雖盛而處下位陽道光明於上柔不敢干遂為正應其占百事皆順行人即還昏姻大吉交好弥善病疾不死何承天曰此課係陰若占陽事則不利

詩曰一朶花枝艷更芳清香馥郁透蘭房因風吹送終成咲好向筵前醉幾觴　採藥天台路轉迷桃花流水賦佳期春風啼鳥多情思寄語劉郎且莫歸

三上四中一下　得祿卦（興運之象）陰居陽下離火正南

彖曰君臣易位方興大利驛馬行書人得自恣

頌注遷移吉諸事利未必相當行人未還有書信至病人宜出避之或許祭祀而不与〻之即吉一陽在下羣陰居上故曰易位方興功業用人以濟故曰行書此卦凡事初不諧後有慶

何注在位必遷美職事〻吉水陸行人俱回治生十倍孕生男娶婦得佳偶

陳解人位陰盛一陽在下易位之象然三与四相應人位得天助故曰云〻

劉解君臣易位陰盛陽也騂馬自恣失其所從也此課四陰居中而一陽居下是謂君臣易位而无

一陽為其四陰所乘三以剛健處外不能頋君〻反與羣陰為比爲興大利騂馬行書恣意自為其凶極矣此与一上三下第十五課正相反叅互觀之可以知作者之意也

詩曰如舟濟巨川如旱望霖雨四海同一家明君得良輔

三上四中二下　凝滯卦不定之象　羣陰内隔艮山東北

象曰意有所規恐不得施進退猶豫不知所為

頌注凡事進退不定則事不專事不專則不成也陰居下位上應於陽欲有所為羣陰内隔故猶豫也然

自強經營終亦有獲百事無初有終

何注 所求不得所作不成治生不利仕宦者退行人迷惑官事成病憂凶此疑惑之卦

陳解 人道陰極上欲應三則下有二以牽制之進退不可

劉解 意有所規應在下也恐不得施小人阻也進退猶豫不能處也此課陰居下位上應于陽而為中間四陰所隔於是疑不能決而憂患生矣占事迷惑無成病者進退百事不利

詩曰 進退事難成憂疑轉悞人要知亨泰日直待一年春

三上四中三下　悪消卦 吉繇之象 羣陽剋陰離火正南

彖曰日出東陽炎〻熱〻中有妖氛反受熏炙羣陽破陰虧患解釋

頌注 中有盛陰故曰妖氛内外純陽得熏炙矣凡事先乖後合

何注 官事不成有人助之牢囚自解病者先困後瘥行人即至市賈求官百事前不如意後獲其吉

陳解 人道陰盛而上下強陽皆能制之有邪謟畏正人之象自然退散故曰云〻

劉解炎ゝ熱ゝ上下明也妖氛則衰不能成也羣陰破蕩人道行也此課以兩剛陽攻一盛極之陰始雖用力終必成功占事皆吉雖危无咎占陰事則不利

詩曰欲進又徘徊心危事不危水邊人指引名利得榮歸　羣陰雖蔽盛天日已開明大闇維新化乾坤自此寧

三上四中四下　上正卦 聖治之象 陽逢陰制艮山東北

象曰上有賢君下有讒臣日月明照不見暗塵

頴注三陽在上賢君之象也日月雖明不照暗塵居高在家者吉口舌不成昏姻得良妻病者無咎

何注陽雖上明衆陰仰映日月雖臨暗塵猶起此卦多悔吝官事未下吏方免病者進退行人未還求官弥難占昏姻吉陰陽有應故也

陳解三與四相應有君臣和諧之象且陽各極其盛然積陰之中有陽光不燭之地君道無虧故曰云ゝ

劉解陽剛正位有賢君也積陰在下若暗塵也壅滯未決志不伸也此課剛陽上居天位而中下皆陰邪不正共為蔽塞有君而無臣故不能行其志

占事多悔，惟婚姻為有應吉。此課吉凶相半。

詩曰：惟英乃剛，惟哲乃明。一人執正，羣邪不興。德式中孚，昌保其貞。

四上一中一下　孤貧卦，逢難之象。羣陰蔽陽，兑澤正西。

象曰：出温入寒，被薄衣單。去我慈母，罹此横愆。

顔注：二陽在下，羣陰所蔽，若亡所恃，而遇强讐。此卦大宜守舊，不宜改作。遠行未還，病者有加，離别之象。

何注：仕宦無進，治生無利，居家孤陋，窮困守死，囚者難出，病者不瘥，所為皆不稱心，昏姻無始終。

陳解：人道孤弱，地道又薄。四陰在上，乏陽和之煦，陰陽不相應，故曰云云。

劉解：被薄衣單，單而孤也。盛陰上蔽，無與為徒也。此課一陽處于盛陰之下，而不為應，如孤子然。四以陰邪居上，猶如婦之視孤子，其困極矣。占病危厄，行人淹留，仕宦亦蹇，營生不遂，行軍難，凡事皆凶。

詩曰：陽和欠發育，冷落不成春。好似巫山夢，徒然惱悶人。

四上一中二下　潛龍卦，候時之象。一陽制陰，坎水正北。

象曰：舜躬耕田，至于歷山。土沃年豐，歲取十千。

頌注凡事始於三四月戌于八九月吉潛處躬耕必獲豐年非虞舜孰能之此卦与乾初九爻全保身隱處可以內修君德事無大小任道則可雖以營求病者至秋末方瘥

何注宜田蚕所求者得市賈有利居家富行人即至孕生男昏姻合百事吉

陳解一居人位二居地位陰陽相得四陰在天有雲雨之象

劉解積陰在上窮無與也德盛而應以下處也時至而興莫能禦也此課雖以一陽處于羣陰之中然上陰盛極其道已窮少陰在下與我為比上雖不顧而下有應故取舜耕歷山之象雖不為父母所愛而元德終升聞也

詩曰運至時亨泰憂心已解愁十分堪進用事事可優游　耕鑿宜安計功名自有期志堅能忍柱非聖孰能之

四上一中三下　益友卦　彼往之象　下陽化陰兑淨正西

象曰客有王孫來叩我門語我福慶往得蒙恩

頌注有人相呼方可往也或有呼而不往非吉也言宜往也若行人在外呼之則還以內應外不在於內

而志在於往中位有助故也有客之貴者其維王孫

爭此課昏姻及時求官彌善

何注田蚕收病者瘥官事散行人至求官見貴必得招引百事遂意大吉

陳解三居地位賢人在下之象与上四陰相應而一陽同類可以引進同升故曰云云

劉解王孫叩門應在外也往得蒙恩必有助也此課窮陰在上盛陽在下陰極而有求陽之意故為來叩我門之象王孫貴盛之人也中位少陽不與我爭而為我助故往必有慶也占事宜進必有貴人之助病者當遇良醫用兵有來應者事事皆吉

詩曰時至圖謀事必成天恩欲到信先臨從來未遂平生志今日逢君始稱心

四上一中四下　奸長卦 多難之象 羣陰制陽坎水正北

象曰羿淵離居反復多阻凡百不利所為不舉

頌注一陽居中不能獨濟羣陰相比反覆見害所為之事多不遂心反見惶怖以一陽不能獨濟也雖還藏於密雖可獨全且須守舊未易謀新

何注水陸行人畨到破敗病者不瘥囚者不出居官宜請假此卦大凶

陳解一陽孤弱處上下羣陰之間而不相應有坎陷之象小人道長奸邪並興家邦不寧故曰云、

劉解孖淵離居因無与也既孤且孱又何能舉也此課孤陽陷於積陰之中不可振舉凡事皆凶

詩曰淹留歲月未能歸事欲成時意轉非老去窮愁因命蹇勸君莫恨世情微

四上二中一下　神助卦否極之象一陽獨存震雷正東為曰四師二巫對面仰亦天神下來解釋繫因患除禍愈實賴天庥

願注萬事解釋重陰在天鬼氣有變一陽獨在除患

消灾非天神孰能應此乎百事初凶後吉

何注與人共事吉昏姻和合因解病瘥行人立至孕生男蚕麦薄收究譬自釋

陳解四陰在上鬼神煩雜二中一下自相應蓋一陽居地位有善根為主生意不窮天神降之以福故曰云云

劉解四師二巫陰盛上行也天神降福困極而亨也此課陰盛上處鬼神為也少陰居中同類相嘔巫女象也一陽雖微不能自振而少男少女來則必合故為祈請于上而降福除殃則彼之盛而在

上者非鬼而為天神矣否極而泰之象也占事託人得力先困而後喜

詩曰天雨布如霖汪洋德澤新枯根蘇困滯一日便通津　精神感天地陰氣自消融獨藉扶持力皆因造化功

四上二中二下　解祀卦 承吉之象 積陰無陽坤地西南

象曰塚墓高邱鬼神上游宜祀禳之可得無憂

頴注積陰無陽其高崔嵬塚墓之象鬼神道盛誠心祭祀方得無憂

何注有人許物而不與〻〻之則吉或見怪宜祭祀邱陵鬼神吉病主古墓伏尸為禍宜解產生女行人在外有陰人相助至夏自還此卦平〻

陳解積陰在上而中下皆陰此鬼氣充滿之象陽氣已絕人道無救急宜請禱故曰云〻

劉解塚墓高坵鬼氣盛也急解祀之順受命也此課四陰在上而中下皆少陰無陽故為塚墓高邱之象惟恭順奉承可以免戾占者不宜爭競凡事以柔順正直處之則吉

詩曰不必論窮通當憂疾病中但將陰德報造物有深功　命既居蹇難不必歎途窮極育恩須報神光

自感通

四上二中三下　柳宍卦消禍之象下陽制陰震雷正東

象曰精金欲起賴得元士左手抑之乃獲息止

頴注金西方少陰之位主戈兵殺害之事元士大人也左為陽言陰氣欲動而為害大人助之抑以左手害乃消滅陽能制陰也此卦有憂不成極亂

何注

陳解四在上二在中陰氣自天而下兵戈欲起之象三陽在下可以安衆而與四相應得天之福故

曰云云

劉解少陰上行金精起也三陽制之獲息止也此課窮陰居上而少陰在中二為兌象故　金精三陽在下与上為應少陰不能用事左者陽也凡事得大人助之先慎後喜

詩曰發年豹变藏深霧一日鵰搏直上天若得金口人借力自然榮貴在當前　疾風知勁草版蕩識忠臣藉此匡扶力乾坤物又新

四上二中四下　祈亨卦宜禱之為陰極上下坤地西南

象曰宗廟祭祀凶禍消止福来及门殃去萬里

禎注羣陰在上宗廟之象官事散病者瘵梦寐顛倒

凡事宜祭廟求神禱福則吉也

何注見怪及凡事祭廟求福乃吉孕生女防慎火燭

陳解天人之鬼交集人道陰弱此鬼氣生病之象

雖祭祀求解後必有灾故曰云、

劉解宗廟祭祀神所憑也敬以承之福無殃也此課上下皆四陰上為宗廟下為垃墓而二以少陰居中位如人之奉神鬼恭敬順承不失其禮則受福而无殃矣占之者吉

詩曰桌無一脚實難安昜有二足立應難所望所求終費力切宜祈福免傷残

四上三中一下 從心卦 復泰之爲 衆陽尊陰兑泽正西

象曰元雲在上下無譏人百事流通皆浮歸真

禎注凡事從心得人助之陰居上位衆陽所尊禍去福来事由祭祀此卦祭宗廟大吉家门安泰永保無咎

何注孕生男行人立至口舌無喜病宜祭祀求福則瘥田蚕収大吉利秋宜用事

陳解羣陰在上而人道强盛陰陽相得更一陽在地所處皆安

劉解元雲在上陰上升也下無譏人陽道亨也此課四陰在上而下二位皆陽故為玄雲之象三中一下各當其位陽剛無陰無譏人也是為百事流通之象占者諸事皆吉行人即至

詩曰名利尋常事爭如未易圖時來兼好運不用費功夫　神象居尊位人心且順時自然歸正道猶賴衆匡維

四上三中二下　得失卦剋強之象　陰暴陽存坎水正北

象曰失我寶珠乃在天衢不意盜賊隱匿所居賴得玄鳥為我逐祛風靜波息還復我廬

頌注凡事初被抑鬱後必從心因人致物則不得久凡事如此雖陰在上陽得其位縱令陰賊肆暴竊我奇寶賴得陽存終翦奸慝如彼玄鳥以逐惡禽風波静息可返舊廬此卦先凶後吉之兆也

何注初抑後通万事如此田蚕有利孕生男

陳解上下皆陰偏勝于陽然人位強盛彼不能害况上中相應失者可得足制強敵故曰云云

劉解去我珠寶陰上窮也此課　陰窮於上而二陰長于下故為去我珠寶而盜匿所居之象然三陽在中與上為比少陰柔弱不能當之終不能為

宫占者初否後泰假助于人而獲吉也

詩曰舒眉展目黃金露舉意江山顯舊廬鈎在水中魚未獲絲頭忽見一明珠　塞翁雖失馬禍福豈由人得意應多助門庭又一新

四上三中三下　救助卦復初之象　陰極陽剛兊洊正西

彖曰司命來下省登籙圖筭命未盡横被無辜即命扁鵲以發玉壺賜藥一丸乃得活甦

頌注病者宜服丸藥所求得行人還

何注司命天醫也雖有衆陽重陰蔽之有若無辜溺于横厄天命扁鵲救之其禍乃除此卦因禍致福困者不死官事主有文書紛紜然後得理亦自休散此卦先凶後吉

陳解中下二位陽過於盛過則為災四陰在上能与三相應以柔濟剛陽不至亢故曰云云

劉解陽蔽于陰大無辜也重剛上行終不可汙也此課中下純陽而四陰在上故有無辜被困之象然陽方盛雖一時受抑終不至於沉沒又況陰極必衰陽道正盛當得天神之助占事先困後亨回禍得福病者憊而不死用兵險而獲勝凡事先憂後喜

詩曰慶事天來定可知功名成就有其時愁人眉展醉人醒一日生光万里輝　人生脩短隨時化禍福由來命使然倘得修身存大道從教平地遇神仙

四上三中四下　大同卦通暢之象　三陽破陰坎水正北

象曰天衢坦坦五達六通我行其中乘雲駕龍

顏注三陽處中位尊德盛我則陽也天衢通達雲龍乃從乘而駕之指揮六合猶乾之九五凡庶遇之則不勝而反致凶也佐輔明時亦獲无咎

何注日出東方照我北角餘光所燭延及幽谷一云黃鐘建子陽氣乃滋漸當泰和六合吟嘻百事從心所為咸吉

陳解三陽在中人道全盛上下四陰皆相應天与之人與之是之為大同故曰云云

劉解天衢坦坦柔不勝剛也乘雲駕龍位正中也此課上下老陰不能有為而三陽居中剛明盛大無往不可故有天衢坦坦五達六通之象占者得之可以正邦國安黎庶除殘去暴無所不可

詩曰雲散月當空斗前亂後逢張弓方抵朵一箭定成功　位尊德盛四夷咸從君子治亂小人乃凶

四上四中一下　沉翳卦微存之象　群陰蔽陽震雷正東

詩曰 隱志。。名未詢可知功名欲就有其時若入[illegible]廢

入陽一日生光名運輝入[illegible]福

由來命使[illegible]存大道從數年必遇神仙

四上三中四下 大同[illegible] 三陽處坎水之北

象曰 天衢坦、五達六通故行其中乘雲駕龍

顏注 三陽處中位尊德盛故則陽也天衢通達雲龍

乃從乘而處之指揮六合猶乾之九五應通之則

不堪而反致之也位輔明時未獲死容

何注曰 此東方照北[illegible]餘光所燭遍及四方一六

故鐘運於陽氣乃諧[illegible]泰和六合咸遇百事從心

斷之成吉

陳解 三陽在中入道全盛上下四陰皆相應大吉

之入與之是以先大同故曰亦、

劉解 天衢坦、無不勝則也乘雲駕龍在心中也

此謙上下四陰不能有爲而三陽居中則通達大

無理不可故有天衢坦、五達六通之象占者詳

之可以[illegible]安黎庶保[illegible]何不可

詩曰 雲衢日照[illegible]

成功位尊[illegible]日東[illegible]諸侯子治國小入乃安

四上四中一下 [illegible]

象曰綿〻視息無有氣力仰面呼天低頭伏地求之不通見之不淂

顏注惟有一陽淪沒地下羣陰翳之低頭伏地餘生幾何此卦大凶病者致困田蚕失望經求無利遠行逢盜

何注凡事非其所知歎息而已居官處私口舌是非既深雖當謹守閑退或出千里可免官事雖解病者難瘥所為不利

陳解上中二位陰過于盛過則為災一陽在下僅存喘息

劉解綿〻視息就淪沒也位頭俯伏窮無告也此課一陽翳于重陰之下困極之象占病必死戰必敗因者雖脫訟者不勝凡事皆凶

詩曰依旧方成吉交爭必致刑寧心還守待莫羨別人榮　進步多顛蹶爭求致禍危餘生徒歎〻　貧困事難為

四上四中二下　陰長卦（凶衰之象）純陰不應坤地西南

象曰重陰在上鬼氣浮游中庭水深堂下行舟

顏注純陰之卦内外不相應官鬼之災並屬於陰凡事如此凶衰之象雖内外不相應官勢助之乃更反

吉

何注行人逢賊凡事不利陰謀口舌切須慎防一本云啓蒙之卦凡事小吉堂前流水堂下行舟惟宜祈雨張南軒占雨果應此語

陳解三位皆陰二復增長陽氣必絶中道而止不可有為

劉解重陰在上陽道塞也中庭水深憂没溺也此課純陰無應災禍之為占者得之陰人盜賊為害病者大凶又主有陰謀咒咀官鬼口舌百事皆凶惟宜求雨

詩曰陰小須防謹門庭亦未寧家中多擾聒口舌暗中生 積陰為厲雨淫淫洪水懷山陸地沉大禹不施疏鑿計蒼生何以洽歡心

四上四中三下 適世卦困極之為 陽光失位震雷正東

彖曰困於凶禍閉門獨坐人徒分散無可取火

頌注陽氣失位死与為徒故獨坐火者陽類也烹炊所資羣陰隔之無由取也居宅禍敗凡事不得稱意昏姻無行人未還病者未瘥此卦大凶宜切慎火

何注病者不瘥官事不解家道循旧事慎陰謀市賈無利行軍失律

無利行軍失律

何注 酒者不應宜事不諧家道猶曰事須隱謀市賣

留題無行人未還酒者未應財動大凶宜切須火

行資算留隨之更由求之宿行福歲兒事不諧稱意

酒注 隨歲未信兀占為綠數福通火春隱類之莫救

象見咀於山福關門貂連入禧分散無可取火

日上日中三下　道婚無日占隱兄未從應召心東

旅流鑒針衛主何以治災石

中建　精隱為應西注流水懷山陵地沉大西不

謠曰 隱小須防謹門庭出未濟家中安穩防口舌語

雅道未雨

酒者大凶又主有隱謀咒詛宜慎口舌自身留心

謀欲隱避應來福之禍自當詳及深入遠避為吉

劉詩 事隱在上隱通塞之中庭水深海流酒之決

可有為

陳詩 三位留隱二後福有隱氣交令中道西上不

雨張酒斬占雨來應此語

吞谷強之勢兆事小吉營商流求營下行年推宜行

何注 行人達賊兆事不利隱謀口舌切須慎防一本

吉

陳解三陽在下賢人在野之象陰在上小人道長不可自見故曰云〻

劉解困於凶既陰乘陽也無可取火幽不明也此課陽失位而無徒陰上行而黨盛占者得之當有无妄之禍大凶課也

詩曰運蹇遑堪憂悲愁春復秋且謀西北避身外莫營求　德孤無鄰孰可為親君子失道小人進身

四上四中四下　衆凶卦否極之象　純陰同見坤　西南

象曰凶禍暴至凡事不利疾病繫官動有顛踬

頌注三位皆陰黑曜共臨凶禍必臻出處語默都無吉利

何注此卦衆禍皆發病者弥凶所求不遂百事不利

陳解十二者天地之極數也陰既極矣生意已絶不可復返故曰云〻此卦一百二十四卦之終万化之所歸也其凶可知

劉解至陰無陽窮之極也動用顛踬無所用其力也此課三位皆窮陰衆凶俱發所為皆阻待斃而已

詩曰百尺竿頭路已窮尋思無計轉飄蓬只知鈎上鱸魚白不覺翻身入浪中　山窮路轉迷水急舟難

靈棋經上卷之下至廿七章為終

渡万事莫剛為出處遭奸妬